# CHARLES RICHARD

# CHENONCEAUX

ET

## Gustave Flaubert

TOURS

DESLIS FRÈRES

IMPRIMEURS-ÉDITEURS

—

1887

# CHENONCEAUX

ET

## GUSTAVE FLAUBERT

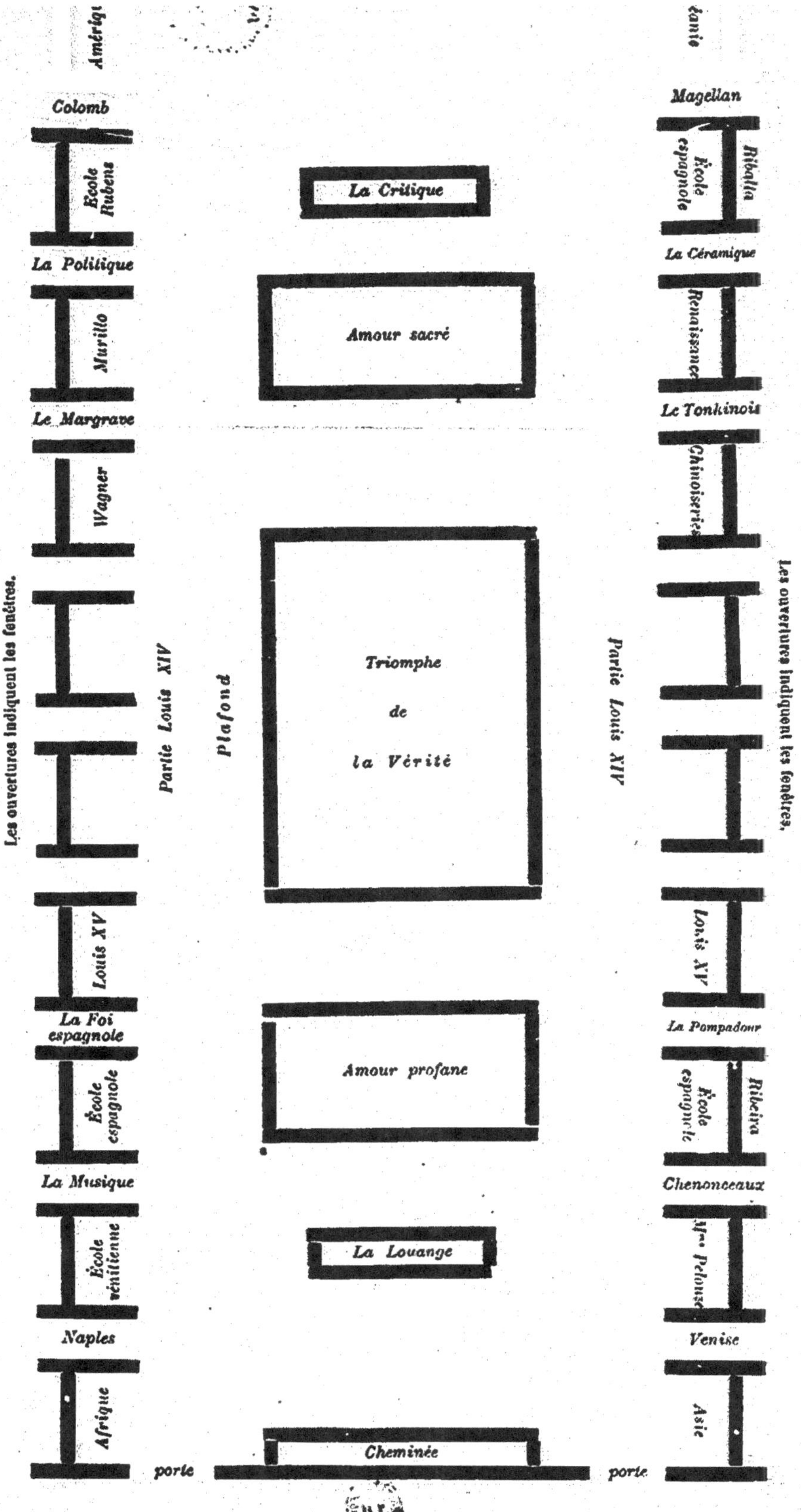

Amérique

Colomb

École Rubens

La Politique

Murillo

Le Margrave

Wagner

Les ouvertures indiquent les fenêtres.

Partie Louis XIV

Louis XV

La Foi espagnole

École espagnole

La Musique

École vénitienne

Naples

Afrique

porte

La Critique

Amour sacré

Plafond

Triomphe
de
la Vérité

Amour profane

La Louange

Cheminée

Océanie

Magellan

École espagnole

Ribalta

La Céramique

Renaissance

Le Tonkinois

Chinoiseries

Les ouvertures indiquent les fenêtres.

Partie Louis XIV

Louis XV

La Pompadour

École espagnole

Ribeira

Chenonceaux

Mme Pelouse

Venise

Asie

porte

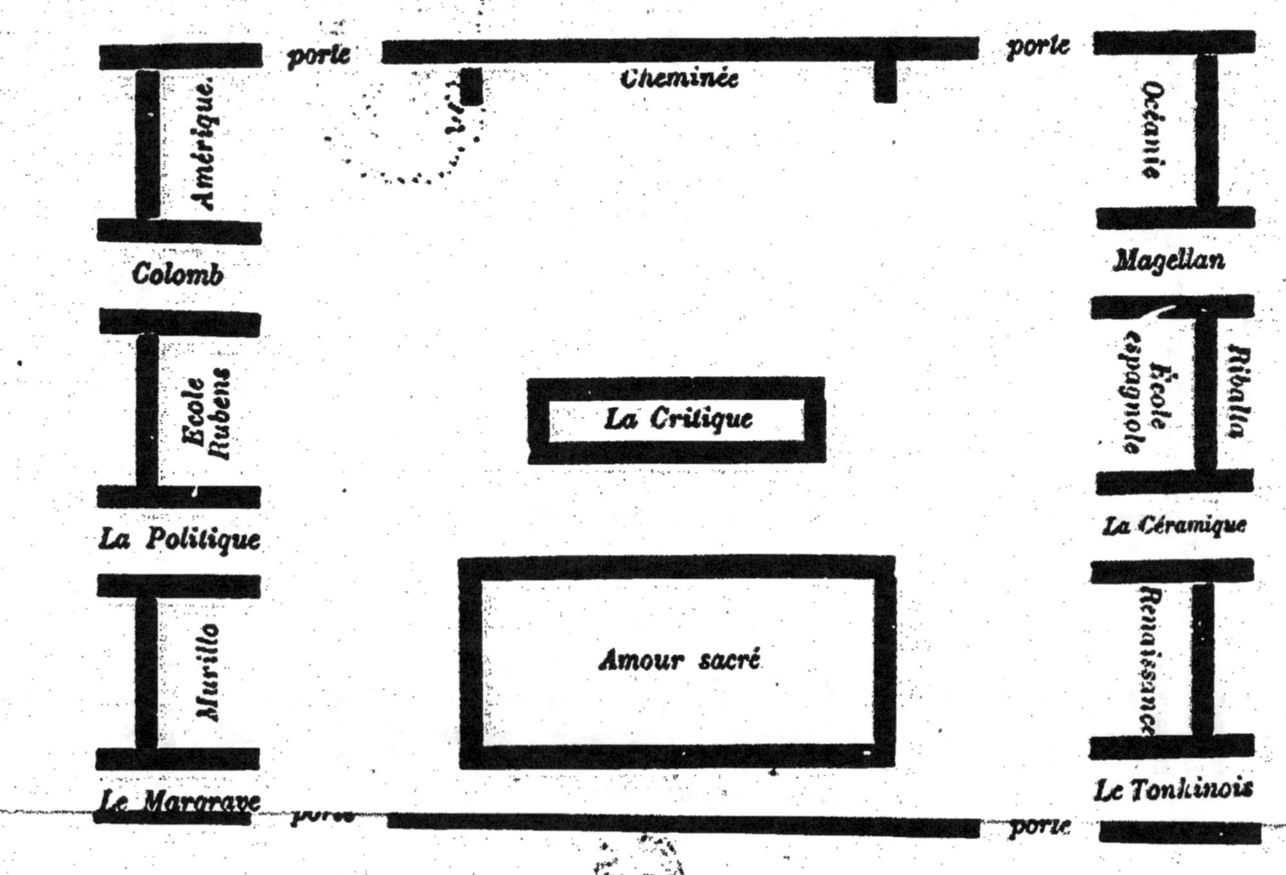

porte
Cheminée
porte
Amérique
Octanie
Colomb
Magellan
École Rubens
École espagnole
Riballa
La Politique
La Céramique
La Critique
Murillo
Renaissance
Amour sacré
Le Marorave
Le Tonkinois
porte
porte

# CHARLES RICHARD

# CHENONCEAUX

ET

## Gustave FLAUBERT

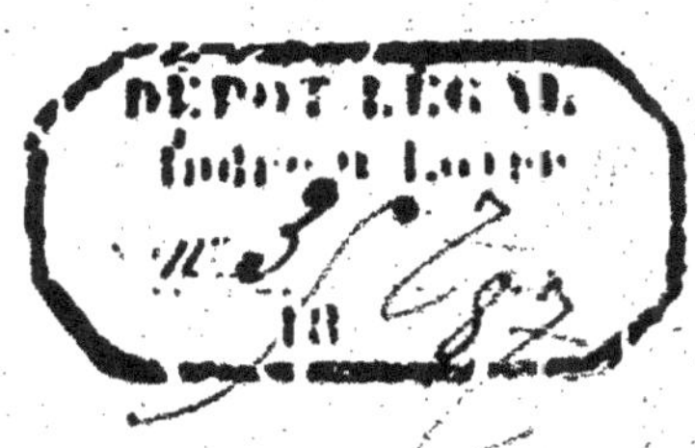

TOURS

DESLIS FRÈRES

IMPRIMEURS-ÉDITEURS

1887

# GUSTAVE FLAUBERT

A

## CHENONCEAUX

# GUSTAVE FLAUBERT A CHENONCEAUX

*Le château historique de Chenonceaux est situé sur la rivière du Cher, à quelques lieues de la ville de Tours. Après avoir successivement appartenu à Thomas Bohier, à François I<sup>er</sup>, à Diane de Poitiers, à Catherine de Médicis, à Louise de Vaudemont, à la Maison de Vendôme, à celle de Condé et enfin à la famille Dupin, il est, depuis 1864, possédé par Madame Marguerite Pelouze, sœur de M. Wilson.*

*Cette châtelaine s'est plu à restaurer sa royale demeure, et, suivant l'exemple de la belle Madame*

Dupin, en a fait les honneurs aux grands esprits du temps, entre autres à Gustave Flaubert.

Le séjour à Chenonceaux de l'illustre auteur de Madame Bovary et de Salammbô est généralement ignoré, et n'a été mentionné dans aucun des nombreux ouvrages composés pour honorer la mémoire du maître.

C'est pourquoi nous avons essayé d'en fixer le souvenir dans cette plaquette, tirée à petit nombre, pour le plaisir des artistes et des lettrés.

LES ÉDITEURS.

# GUSTAVE FLAUBERT

## I

C'est à Paris, dans son hôtel de la rue de l'Université, que M^me Pelouze reçut, pour la première fois, Gustave Flaubert.

Ce pauvre homme de génie était alors dans l'embarras. Il n'avait conservé de sa fortune que six mille francs, disait-il, pour se faire enterrer.

La châtelaine, avec une délicatesse infinie, lui demanda de venir à Chenonceaux pour y écrire un poème célébrant la Fontaine du Rocher, jadis édifiée dans le parc sur les plans de Le Primatice, et dont elle projetait la restitution.

.·.

A Chenonceaux, Flaubert eut la vision symbolique de sa *Tentation de Saint-Antoine.*

Il se pouvait croire à Alexandrie chez l'empereur Constantin.

Les barques qui passaient au loin, sur la rivière, semblaient des trirèmes descendant vers le temple de Sérapis.

C'étaient partout des jardins enchantés, où dans les fonds verts des dieux jaillissaient de leurs gaînes.

Dans le château, il retrouvait les architectures jadis décrites, les marbres roses et bleus, les chapiteaux d'airain, les colonnades, les superpositions d'escaliers, les suites d'arcades.

Il dînait chez Nabuchodonosor, buvant des

vins précieux qu'on lui versait dans des amphores. Des quartiers de venaison, des poissons écaillés d'argent et bronzés d'une légère patine de feu, s'étalaient entre les surtouts de céramique, les grands candélabres de pagode, les claires orfèvreries et les hanaps de Venise en verre filé, vrillé, irisé, où le vin aux transparences d'or renvoyait la lumière en fusées.

Dans le fond de la salle, des fleurs étranges, des fruits monstrueux, des gibiers, de grands lièvres roux, des paons à la longue queue traînante d'émeraudes cloisonnées, s'entassaient en un pantagruélique désordre contre des paravents de cuir de Cordoue et de laque incrustée, faisant tableau à la façon des puissantes natures-mortes de l'École hollandaise.

Des éphèbes, des pages, passaient, portant des aiguières, et suivis de fiers lévriers bondissant, étirant leurs longues pattes ou s'allongeant sur les tapis de mosquée comme des sphinx d'Égypte.

Puis, quand les vapeurs des vins et les subtiles parfums de femmes et de fleurs avaient « monté », Flaubert, faisant rougir encore sa large figure auréolée de mèches blanches et coupée d'une grosse moustache de vieux brenn, il s'en allait dans la galerie qui semblait faite pour les plaisirs du Roi Salomon.

Toutes les parties du monde, toutes les divinités, tous les arts, toutes les sciences défilaient dans cette longue perspective : — le Buddha et la Vierge, la Diane d'Éphèse et Vénus Anadyomène, la Psyché indoue et la courtisane du Grand Siècle, et enfin, planant sur toutes ces choses : Kama, le Dieu du Désir, l'Amour vainqueur !

Trois musiciens nègres, crépus, et vêtus comme des califes, étaient assis dans leur robes de damas éclatant, coiffés de turbans à aigrettes et portant en agrafes et en colliers, des pierres précieuses telles qu'on en pouvait voir dans le Trésor du Grand Mongol.

Ils jouaient des instruments à cordes, ainsi que les musiciens des *Noces de Cana*, dans le tableau de Véronèse.

Flaubert, la tête couverte d'une petite calotte noire, marchait à grands pas, laissant voir son pantalon bouffant en surah entre les pans de la robe de chambre brune dont il s'enveloppait.

Pareil à l'ermite, il attendait l'arrivée de la Reine de Saba et se disait, en regardant l'entrée de la galerie : « C'est par ici qu'elle va venir, balancée aux bras des eunuques. »

Tout à coup les portes ouvraient leurs deux battants, et la châtelaine apparaissait sur une grande chaise chinoise soutenue par quatre porteurs.

Lentement elle s'avançait, épanouie dans son corsage de brocart, des saphirs mêlés à sa chevelure rousse, les bras chargés d'anneaux.

Et quand elle s'était à demi couchée, au fond de la galerie, sur un trône d'ébène couvert de peaux de tigres, Flaubert se posait auprès d'elle, et lui racontait tout ce qu'il avait vu, lu, connu, imaginé : les grands déserts d'hommes, les mers peuplées de navires, les moissons qui se courbent dans les plaines... Il allait des églises de Rouen aux ruines de Carthage, des cavales normandes aux éléphants de Salammbô; partait d'un silex pour construire une Babel ; creusant la matière comme un puits, montant dans l'idéal comme une tour. Sa parole était parfois enivrante et grasse ainsi qu'une fleur d'Asie. Sa pensée, d'une envolée de faucon, se perdait si loin, qu'on n'en avait plus la perception, puis redescen-

dait les ailes étendues, grandissantes, pour
s'abattre dans une chute formidable et voulue,
qui la faisait rebondir.

C'est de lui qu'il aurait pu dire : « Je ne suis
pas un homme, mais un monde, et tu découvriras
en moi une succession de mystère. »

Et la musique reprenait à chaque pause,
ainsi que le vers répété d'un pantoum, déve-
loppant la suggestion, emportant l'idée à travers un dessin infini comme celui du cachemire.

II

On était en juin. Durant les heures chaudes, Flaubert lisait de très vieux livres retrouvés au fond des bibliothèques, et qui devaient lui servir pour *Bouvard* et *Pécuchet*.

A travers les couloirs, il regagnait sa chambre, emportant La Harpe, Buffon, Bernardin de Saint-Pierre, Fontenelle et les encyclopédistes aux reliures décolorées, répandant de petits atomes de poussière, qui s'enroulaient dans les rayons du soleil entrant à pleines fenêtres.

Le matin, il sortait sur l'avant-pont, et, penché au-dessus des douves, il regardait les paons s'ébattre sur les balustres des terrasses, les cygnes glisser comme des proues de galères, ou bien suivait, dans le ciel teinté de rose, le vol d'une hirondelle, s'assimilant tous les détails de ce réveil du parc et de la rivière.

Parfois, il se promenait en canot, et la grande monotonie de l'eau calme réveillait en lui des souvenirs d'Orient. Assis à l'arrière, avec un nonchaloir de rajah indou, il fumait sa pipe, une petite pipe au culot d'émail, qu'il bourrait d'un tabac particulier.

Il indiquait, sur le rivage, des fonds verts où il aurait aimé à voir surgir quelques nymphes. Il les voulait en stuc, parce que cette matière rend mieux l'épiderme des femmes modernes.

Au retour d'une promenade, le sculpteur Deloye modela devant lui une figure de faunesse enlacée par un satyre cornu. Flaubert s'en amusa beaucoup et planta, dans le ventre

2

du dieu antique, un parasol chinois qui se trouvait à portée de sa main.

Tel on peut voir encore ce groupe, dégradé par les pluies d'hiver, s'abritant sous les arbres du jardin.

*
* *

Le soir, on remontait toujours dans la galerie, éclairée par des lustres vénitiens, et Flaubert se reprenait à causer avec le charme que j'ai dit.

Ses conversations étaient empreintes d'un goût XVIIIe siècle. Il rendait de délicats hommages à Mme Pelouze, en démontrant l'influence de la femme sur les hommes de talent, et citait Jean-Jacques Rousseau chez Mme de Warens. Puis c'étaient d'inépuisables anecdotes sur ses amis : Gautier, la princesse

Mathilde, Goncourt, et Bouilhet, le mieux aimé.

Il lisait à haute voix les *Dernières chansons*, et aussi le *Booz endormi*, de Victor Hugo, faisant admirer ce qu'il y a d'olympien dans ce vers :

L'ombre était nuptiale, auguste et solennelle....

Son grand geste semblait répandre autour de lui le rayon d'amour dont parle le poète. Sa parole était grave et douce. On eût dit le chant des bateliers sur la rivière semée d'étoiles.

Et ceux qui l'écoutaient seraient demeurés dans l'extase si, brusquement, Flaubert n'eût fermé le livre sur une de ces expressions boulevardières, qu'il aimait à lancer par goût des contrastes.

∴

Quand M<sup>me</sup> Pelouze était souffrante, elle recevait dans sa chambre, entre ses fleurs et ses musiciens. — Un monde que cette chambre, avec son grand lit de tapisserie, sa chaise longue en bois doré couverte de velours de Gênes, ses meubles Louis XVI, signés Grohé, sa harpe, sa statue de la Vénus de Médicis, et sa petite déesse de marbre pour laquelle Cora Pearl avait servi de modèle.

Flaubert lui faisait visite entre quatre et cinq heures, puis prenait congé pour la soirée.

Vêtu d'un complet bleu-marin, coiffé d'un chapeau mou, il s'en allait sur la route de Montrichard, en compagnie du peintre Toché. Il se montrait gai comme un écolier, rappelait son enfance, la maison de son père, ses luttes avec ses camarades d'école et la bonté de son vieux professeur, qui le réprimandait, puis l'embrassait quand il avait courageusement battu un élève plus grand que lui.

Et toujours il en revenait aux jours passés avec Bouilhet, alors qu'il se jetait à la nage pour aller au devant du bateau qui, de Rouen, lui ramenait son ami.

Mais la cloche du dîner tintait derrière les arbres du parc et, avec une joie naïve, Flaubert rentrait dans la maison du garde où il s'était fait préparer la soupe aux choux. Pendant un de ces repas rustiques, les orphéonistes du pays vinrent lui jouer une fanfare ; comme il était en belle humeur, il se mit à la fenêtre basse et leur fit un discours dans le goût des conférences de Pécuchet.

Revenu au château, il ne pouvait se décider au repos. Il errait dans les appartements et la bibliothèque, jouissant de tout, des alcôves pleines des souvenirs d'amours de Rois, et des chartriers où s'étalaient les signatures des Reines et des grandes favorites.

Ainsi les semaines s'écoulèrent douces, fa-
ciles, plus propices aux entretiens en plein air
qu'à la composition du poème. Lorsqu'il lui
fallut partir, Flaubert remit à la châtelaine une
sorte de libretto en six pages où étaient indi-
quées toutes les transformations de l'Eau,
depuis le déluge jusqu'aux fontaines publiques,
depuis la source que fit jaillir Moïse pour
désaltérer les Hébreux jusqu'à l'eau de Saint-
Galmier, depuis le passage de la mer Rouge et
l'eau du Jourdain, jusqu'à la fontaine de
Pétrarque et l'eau de Cologne...

Ce poème ne devait jamais être achevé.
Flaubert fut pris d'une grande tristesse en
faisant ses adieux au château ; on le conduisit
à la gare d'Amboise. Penché à la portière

du wagon qui allait l'emporter vers Paris, il disait à Toché : — « Je ne reverrai plus Chenonceaux. Dites bien à Mme Pelouze que je me « péris » de la quitter. »

Et l'année suivante, un matin d'hiver, on le trouva à Croisset, étendu dans son cabinet de travail, tué par un dernier effort de la pensée, et connaissant enfin le mot suprême, le secret de la vie que Saint-Antoine « tâchait de saisir la nuit, à la lueur des flambeaux, sur le visage des morts. »

CHARLES RICHARD.

# LA GALERIE

## DE

# CHENONCEAUX

# LA GALERIE DE CHENONCEAUX

La galerie de Chenonceaux est l'œuvre de
M. Charles Toché.

Le nom de cet artiste est aujourd'hui retentissant.
Bien que né à Nantes, il est, par son art, par
son tempérament, d'origine vénitienne.

Dans Numa Roumestan, Valmajour le
tambourinaire répond à ceux qui lui demandent
le secret de sa musique : « Cela m'est venu en
entendant chanter le rossignol. »

On pourrait dire de M. Toché que cela lui est

venu en regardant Tiepolo, dont les fresques du palais Labia sont l'orgueil de Venise.

Il semble que l'âme du peintre italien se soit réincarnée en lui pour ressusciter le procédé de la fresque et renouveler l'Art décoratif au XIXe siècle.

Les tableaux sont enchâssés dans les murs
et entourés de fresques et de stucs blanc et or,
comme des pierres précieuses serties dans un
reliquaire repoussé et émaillé.

Les peintures exécutées aux quatre angles
de la galerie et au-dessus des portes et fenêtres caractérisent les parties du monde et les
différentes époques de l'Art en Europe.

Au plafond, sur un champ d'or mat et enca-
drées de rocailles en stuc sertissant des
miroirs, les fresques symbolisent les idées
nobles qui régissent le monde : l'*Amour sacré*
et l'*Amour profane*, la *Critique* et la *Louange* ;

et enfin, comme motif central, le *Triomphe de la Beauté et de la Vérité*.

C'est une chose très compliquée, un poëme suggestif où chaque panneau donne la vision d'un siècle écoulé, où chaque attribut retrace le caractère d'une époque ou d'un personnage.

Les tableaux religieux espagnols ont pour support des mosaïques et des anges en résille et sombrero, tandis que les tableaux profanes de la même Ecole se détachent sur des tapisseries de l'Escurial, des ferronneries et des trophées de courses de taureaux.

L'époque Louis XV a ses magots en vernis-martin, ses cartels de Boule, ses laques, ses potiches de la Chine, ses amours joufflus, ses éventails, ses carquois, et tout l'accessoire Pompadouresque, fin de ton comme un pastel de Latour.

Le Grand Siècle a ses arcs de triomphe pom-

...oux, ses cariatides, ses déesses courtisanes
...t ses étendards fleurdelysés.

Les détails des fresques, autour d'un por-
...rait de femme, rappellent toute sa vie, sa
...eauté, ses amours et jusqu'à sa fleur préférée

Les coursiers du plafond soufflent, par les
...aseaux, des rayons d'astre, se cabrent en
...es raccourcis imprévus et emportent la Vérité
...ans une Gloire.

Et guerriers, courtisanes, artistes, conqué-
...ants de peuples et de cœurs, semblent s'a-
...imer pour emboucher la trompette du
...Triomphe.

C'est la vie, la vie elle-même, dans ses ma-
...nifestations profanes et sacrées : la Beauté
...qui charme les hommes, la Foi qui les console
...t l'Art qui leur survit.

Partout, sur les murs, saillissent les croupes
...ourmentées des chevaux et des dragons, les
...imiers des casques, les rondeurs volup-

tueuses des amours, les macarons faunesques, les cols de cygnes et les queues de paons orgueilleusement étalées.

Et les fresques éclatent en fanfare, les cariatides jaillissent de leurs gaînes. La lumière met des stalactites aux miroirs pareils à des lacs d'argent. Elle tremble en ondes fugitives sur les fonds d'or, s'en va en fusées, s'égrène en perles, et tout s'harmonise dans une tonalité très fine, très douce, très claire.

# LA GALERIE

## (DÉTAIL.)

Nous allons détailler les motifs de la décoration de manière à guider nos lecteurs lors de leur visite à Chenonceaux.

On y pénètre par une porte en bronze doré, ouvrant à droite d'une grande cheminée construite par Philibert Delorme et destinée à jouer un rôle capital dans l'art décoratif, à une époque où des tentures mobiles, des feuillages et des meubles, enlevés après les solennités terminées, constituaient, avec les plafonds à poutres peintes, la seule décoration des galeries.

Au milieu de cette cheminée, un panneau représente un grand vase de *marguerites*, armes parlantes, avec la devise de Madame Pelouze : « *Humble aux petits ; fière aux grands.* »

Au-dessus, et se raccordant avec le plafond, se voient les attributs de l'*Art*, en stuc : Un croissant, une couronne, une lyre, un miroir, une ruche, un dragon, une pomme de pin et une Minerve.

De chaque côté de la cheminée sont deux grandes compositions peintes à la fresque :
A gauche, l'**Amérique** ; à droite, l'**Océanie**.

L'**Amérique** : C'est *Fernand Cortès*, sur son cheval, s'avançant à la rencontre de

*Montezuma* pour lui commander l'obéissance à l'Espagne. Cortès est suivi de ses hardis aventuriers couverts d'armures et portant leurs étendards déployés. Montezuma, tenant son sceptre de fleurs est entouré de ses femmes, de ses nains et des attributs étranges qui caractérisaient la royauté mexicaine.

**Au-dessus de la fenêtre :** — *Christophe Colomb*, ayant derrière lui la voile de sa caravelle, *la Pinta*, tient d'une main l'astrolabe et, de l'autre, découvre le symbole du *Nouveau-Monde*, en or.

Son compagnon Herrera élève un ostensoir pour remercier Dieu.

**Au plafond :** — Un perroquet indique *la Floride*.


L'Océanie : L'évêque portugais, monté sur un taureau indompté présente l'étendard *de*

*la Vierge* à l'Océanie qui se découvre et s'age-
nouille.

**Au-dessus de la fenêtre :** — *Magellan,*
appuyé sur son armure de guerre, se laisse
séduire par les Océaniennes. Cette composition exprime les désirs de l'homme qui
marche à la conquête d'une terre inconnue.

**Au plafond :** — L'outarde océanienne et le
drapeau portugais.

A l'autre extrémité de la galerie, le panneau d'une cheminée faisant face à celle déjà
décrite, présente un *Amour* décochant une
flèche dans un but ; symbole de l'achèvement
du travail à la façon des maîtres italiens de
la Renaissance.

Comme baldaquin, dans le **plafond** sont des fleurs, des lauriers, des pavots, des papillons, avec, pour supports, sur un fond de glace, une *lanterne* et un *Chenonceaux-reliquaire*, symbolisme de *l'Imagination*, mise au service d'une *Fortune* gagnée dans le *Gaz* et employée à la décoration du château.

A gauche : **l'Asie.** A droite : **l'Afrique.**

**L'Asie** est caractérisée par une *divinité indoue ;* une *bayadère* sur un tigre énorme, devant un pilier de jaspe. Tous les dieux de l'Inde, de la Chine et du Japon sont là avec leur lotus épanoui. Derrière est la religion mahométane. Le tout aboutissant à l'épopée de Saint-Joseph et de Jésus-Christ.

**L'Afrique :** C'est *Cléopâtre* et *Antoine ;*

M. de Lesseps conduisant un chameau y réunit les *deux mers:* une femme blanche et une négresse tenant un petit bateau à vapeur. Au fond : la vieille *Egypte* avec ses hypogées, ses momies, ses sphinx et ses obélisques dont le mystère fut dévoilé par Champollion.

Ainsi, ces quatre parties du monde sont représentées aux quatre angles de la galerie, tandis que l'Europe occupe toute la longueur des murailles, les panneaux et le plafond.

En retour du côté de l'*Asie:* --- Comme dessus de fenêtre : — VENISE ; la *Déesse de la lagune* et le *Dieu des Eaux* présentant ses chefs-d'œuvre en verre filé de *Murano.* Puis les souvenirs byzantins de l'histoire conquérante de Venise, les *doges* et les estampes de *Tiepolo.*

.*.

## PANNEAU DE Mᵐᵉ PELOUZE

Au centre, son portrait par Carolus Duran, tel qu'il fut exposé au Salon de 1886, et serti dans un cadre d'une architecture assez majestueuse. Au dessous, des marches peintes que la châtelaine semble vouloir descendre. Autour, sur un fond d'or, des attributs rappellent tout ce qu'elle a aimé : La gondole, Wagner, les émaux, les livres, les fleurs, les souvenirs de famille, les fresques et les voyages.

**Dessus de fenêtre :** — De vieilles *paysannes* de *Chenonceaux* qui furent les rustiques amies de Mme Pelouze, les phalènes du soir volant sur la rivière. Bacchus. *Le Vin* du Cher. Le *Dindon* importé sous Charles IX par Jacques Cartier. Le *Champagne.*

## PANNEAU ESPAGNOL (Ribeira)

**Tableaux :** — Le *Christ* de Ribeira ; — *Saint-Antoine-de-Padoue ;* — *Trois Evêques ;* — *Héliodore,* par Jouvenet ; — *Les vendeurs chassés du Temple ;* — l'*Assomption* (ébauche ); — *Sainte Rosalie,* de Zurbaran ; — La *Flagellation* de Del Piombo ; — *le Baptême du Christ ;* — l'*Adoration des Mages* (ébauches).

Ce panneau est d'un caractère religieux. Un

autel espagnol fait de mosaïques et de marbres met en valeur les toiles avec des attributs empruntés au sujet. La bordure à la fresque retrace le poème symbolique de la *Passion :* la bourse de Judas, le plat de la Cène, les roseaux, les verges, les dés, les marteaux, les clous, les cœurs transpercés, le Calice, l'Eucharistie, la chouette de mauvaise augure avec une lune rouge et des papillons noirs, le Calvaire, le Coq, la Croix, la Sainte-Face.

## PANNEAU LOUIS XV

Sur un fond de treillage, avec des larmes et des flammes, sont réunis les différents tableaux de l'Ecole française et notamment une collection précieuse de portraits :

La *Princesse de Rohan*, par Nattier, dans un cadre à ses armes rappelant la passion qu'elle inspira ; — *Mlle de Charollais*, célèbre par son amour pour Richelieu ; le cadre indiquant un épisode de cette liaison : la demoiselle déguisée en marmiton visitant Richelieu à la Bastille ; — *Mme de Lamarck*, pastel de Latour ; — La *duchesse d'Orléans*, en frileuse, par Coypel. Au-dessus du cadre sont des fleurs et un traîneau ; — *Mme Dupin*, dans un cadre rappelant son ouvrage sur le mérite des femmes et ses idées sur la loi salique : Une quenouille couronnée, un bas bleu et une anémone, sa fleur préférée ; — *Mme d'Humières ;* — *Mlle de La Fayette* dans un cadre rappelant ses mémoires : Plumes et écritoires ; un œil et une oreille pour indiquer qu'un auteur de mémoire doit tout voir et tout entendre ; — *Mme Dubarry* avec cadre allégorique : son nègre Zamor qui la livra au bourreau pour lui voler ses bijoux ; sa tête sur l'autel de la Révolution ; et ses diamants qui causèrent sa mort ; — *Mme de Châteauroux* en Vesper, par Nattier ; — *Mme Ulrique de Suède*, avec l'allégorie de sa renonciation au trône en faveur de son mari. Elle quitte un fauteuil et l'y fait asseoir ; — *La Comtesse de Roure ;* — la *Duchesse du Maine ;* — *Louis XV*, par Vanloo.

Au milieu des portraits : Un *Cartel* de l'époque.

**Dessus de fenêtre :** — *La Pompadour* en costume galant, coiffée d'un chapeau de chasse et caressant un chat blanc. Auprès d'elle, une faïence de Rouen et des porcelaines de Chine dans le goût du temps. Au fond, son nègre tenant un parasol, et, dans le ciel, un petit amour faisant sauter des oranges : *Saute Choiseul ! Saute Praslin !*

Une *Chaire Louis XV* en bois, praticable, accède à ce dessus de fenêtre. La forme en est charmante et d'un rhythme mouvementé. La

volute de son escalier se termine par un Dau-
phin. Décorée et laquée dans le genre vieux
Rouen, elle donne l'illusion de la faïence.

*.*

En retour, du côté de l'Afrique :

Un **Dessus de fenêtre** représente la *Musique:*
Des nègres musiciens parmi lesquels on reconn-
naît le violoncelliste Nicasio Jimenez, son père
et son frère, jouent des instruments à cordes
et du piano, dans des costumes Véronèse.

*.*

## PANNEAUX DE L'ÉCOLE VÉNITIENNE

**Tableaux** : *Suzanne et les vieillards* d'E-
messen ;

Le *Triomphe* du Titien, la *Tentation du Christ* du Titien ;

*La Ste-Famille ;— Un doge ; — Une tête d'enfant ; — Une tête de Page.*

Un enchevêtrement de colonnes peintes en marbre et de chapiteaux dorés. Les tableaux sont sertis dans une immense monture d'orfèvrerie.

En bas, sur le soubassement, les collaborateurs qui ont travaillé à la galerie défilent, en costumes vénitiens, devant le portrait de M^me Pelouze placé en face.

*⁎*
*⁎ ⁎*

**Dessus de fenêtre.** — Les *Stucs Napolitains, Naples* et le *Vésuve :* Naples est assise sur un lit pompéien. Entre les pieds du lit le Vésuve somnole, prêt à se soulever.

Derrière sont les stucateurs avec leurs instruments. Dans le **plafond** : le *Polichinelle* et les *beignets* caractérisent le peuple napolitain.

## PANNEAU DE L'ÉCOLE ESPAGNOLE

*En face de l'autel :* — Les fresques figurent une grande tapisserie qu'on déroulait sur le passage de Philippe II à l'Escurial. Elle laisse voir, en bas, une grille et s'attache en haut à un trophée de têtes de taureaux et de banderilles, rappelant les corridas.

**Tableaux :** — *La Ste-Famille* d'André del Sarte. — *Portrait* de Van Dick. — *Tête de femme*, de P. Véronèse. — *Cavalier*, de Wouverman. — *Samson.* — *Lucrèce.* — *Tête de femme.* — *Tête* attribuée à Léonard de Vinci.

*Mise au tombeau* de del Piombo. — *Moine* de Zurbaran.

*La paix et la guerre*, allégorie de Goltzin. — *Tobie* du Poussin.

*Le Christ prêchant devant Ferdinand et Isabelle*, par Alonzó di Cano.

**Dans le plafond** : Des guirlandes, des poignards, des petites clefs, des ex-voto, des cœurs enflammés.

**Dessus de fenêtre** : — La *Foi espagnole*. Une figure de la superstition offre des amulettes à la vierge chrétienne.

Au fond, la Giralda et St-Jacques-de-Compostelle.

## PANNEAU LOUIS XV

Placé en face de la chaire en vieux Rouen,

il a pour motif central les *trois demoiselles de Nesle : de Châteauroux, de Vintimille et de Mahy*, favorites du Roi, peintes par Vanloo. — Autour, un cadre allégorique montre un bouc couronné, le monastère où Mme de Vintimille alla finir ses jours, les disciplines et les instruments de pénitence.

En bas , la belle *Madame d'Arty*, dite l'idole du Temple.

A droite : *Le duc d'Aiguillon* avec les attributs du financier. — Le *Duc de Richelieu* avec les attributs du joyeux homme de guerre.— *Un chanteur* avec un masque et des cothurnes.— Un petit monastère caractérise le refuge du repentir.

En bordure à la fresque : des cœurs, des éventails, des boîtes à mouches et tout l'arsenal galant du XVIIIe siècle.

*Meubles* de Grohé, en thuya. avec des appliques de bronze ciselé d'après des modèles de Carrier-Belleuse.

* *

Nous sommes arrivés à la partie Louis XIV qui forme le milieu de la galerie au-dessous du motif central du plafond.

* *

## PANNEAUX LOUIS XIV

D'un côté un arc de triomphe à colonnes en marbre nature et stuc fait saillie autour de deux tableaux.

Des portraits de ligueurs sont présentés dans des cartouches aux armes pontificales.

Une frise en marbre porte, à la mode romaine, une dédicace à Mme Pelouze qui a élevé un monument aux arts et aux sciences.

Les cartouches pontificaux ont l'intention non seulement de caractériser les portraits des ligueurs, mais encore de rappeler les constructions antiques de Rome où les papes ont mis leur sceau.

La *Cléopâtre* de Murillo symbolise la puissance de l'amour et des charmes.

L'*Archimède* du Zurbaran et la synthèse du génie inventeur.

Ces deux figures sont bien dignes d'un monument de glorification.

A gauche, un cyppe funèbre. En haut, les attributs de *Bacchus*.

**Tableaux** : le *Silène* de Jordaëns et une *Baigneuse* de la même école, avec ses attributs de toilette, symbolisme de la mort par le vin et la volupté.

A droite, un cyppe, faisant pendant au premier, est couronné d'une cage dont les colombes viennent de s'envoler.

**Tableaux :** — L'*Éducation de l'Amour* du Corrége, avec attributs : carquois, flèches et torches. Au-dessous, une esquisse du même tableau par le même maître avec, sur le cadre, une coquille et un papillon, symbole du renouveau et de la fécondité.

Ces allégories se rapportent toutes au *Soleil* qui éclaire la *Vérité* dans le plafond, et rappellent également le Roi-Soleil à qui cette partie de la galerie est, comme nous l'avons dit, spécialement consacrée.

Des cariatides en stuc représentent *Colbert* et la *Floride*; — *Letellier* et la *Révocation de l'édit de Nantes;* — *Vendôme*, possesseur de Chenonceaux, soutenant l'*Espagne;* — *Puget* et *Minerve.*

Dans les ovales, au-dessus des fenêtres : *Saint-Cyr* et les *Invalides.*

De l'autre côté, au centre du panneau, sous un baldaquin formé par des dragons, soutenu par des enfants et laissant retomber des tentures bleu de roi fleurdelysées, se dresse le *portrait* de *Louis XIV* enchâssé dans un merveilleux cadre sculpté d'après des dessins de Lepautre.

Au-dessous, sur deux marches, est une *chaise longue* en bois doré recouverte de velours de Gênes.

A droite du baldaquin, le panneau montre, sur un fond de tapisserie semé de fleurs d'iris, quatre tableaux : *Mme de Montespan, en Diane chasseresse;* — le *Roi d'Espagne;* — le *maréchal de Belle-Isle;* — et *Mlle de Blois.*

A gauche sont les portraits de *Ninon;* —

*Samuel Bernard*, par Mignard ; — *Chamillard ;*
— la *duchesse d'Olonne ;* — et une *glace* du
temps.

**Cariatides** : —*Fontanges* et *Mlle de Mainte-
non ;* — *Mlle de Montespan* et *Mlle de la Val-
lière.*

**Dessus de fenêtres** : — *Marly* et *Versailles.*

**Meubles** : — Consoles et torchères en bois
sculpté et doré.

∴

## PANNEAU CHINOIS

Au centre, sur un fond de treillage et de
fleurs est un magot en vernis martin, avec une
horloge dans le ventre. Au-dessus, un paon
blanc étale sa large queue. Devant une glace
entourée de rocailles sont placées, sur des

consoles, des potiches de toutes les familles et un superbe vase de Satzuma. Comme *meuble :* Un dressoir de laque avec des ivoires.

**Dessus de fenêtre** : Le *Tonkin* : — Un guerrier Tonkinois, casque en tête, tenant une branche fleurie et un poisson aux écailles dorées. Au fond, les toits recourbés des temples bouddhistes.

Dans le **plafond**, des hirondelles revenant vers la France.

## PANNEAU RENAISSANCE

**Tableaux :** — *Diane* du Primatice ou de l'École de Fontainebleau.

*Apollon chez Admète.* — Le *Départ du Pèlerin.* — La *Fuite en Egypte*, du Poussin. — *Amphitrite*, de l'Albane. — *Baigneuses*, du Carrache. — *Enfant cueillant des fruits*, de Van Dyck.

La *Diane* est encadrée dans des figures de chasseresses sonnant du cor et lançant le faucon.

En haut, *Apollon* conduisant son char. Puis un enroulement de dauphins et de cornes d'abondance.

Dans les fresques: les chiffres de *Henri II* et de *Diane de Poitiers*, mêlés à des *croissants*.

***

**Dessus de fenêtre:** — La *Céramique*, assise sur un coquillage en forme de Chimère, et portant un vase Renaissance. Près d'elle, un en-

fant pareil aux figures des majoliques ita-
liennes, tient une écrevisse, ce motif des
faïences d'art depuis Palissy jusqu'à Avis-
seau.

## PANNEAU DE L'ÉCOLE ESPAGNOLE
### (RIBALTA)

**Tableaux :** — *Saint-Jean,* fragment d'un
tableau de Léonard de Vinci. — *Saint Bruno,*
de Salviati. — *Saint-Benoît.* — *Le Christ à la
Colonne,* de Ribalta, maître de Ribeira. — *La
Vierge et l'Enfant,* de Sassoferrato. — *Sainte-
Cécile.*

Deux grandes figures d'anges vêtus à l'espagnole, coiffés de la mantille et du sombrero,
soutiennent le portrait du *Christ.*

Sur la corniche, entre deux petits génies ailés, rayonne le symbole eucharistique.

Nous voici revenus à l'entrée de la galerie où se trouve l'**Océanie**.

Il nous reste à parcourir la partie comprise entre l'**Amérique** et l'**Arc Louis XIV**.

## PANNEAU DE RUBENS

**Tableaux** : *La Reine de Saba*; de l'École vénitienne. — *L'Enfant Jésus et Saint-Jean-Baptiste*, de Rubens.

*Marie de Médicis*, par Philippe de Champaigne.

*Saül et la Pythonisse.* — *Un bourgmestre.*
*Charles Ier d'Angleterre*, par Porbus.

Le cadre de la *Reine de Saba* est accoté de palmiers et surmonté d'une tête d'éléphant.

Deux figures en stuc, dans le goût mythologique, représentent un *Hérode*, et une *Salomé* aux pieds de faunesse demandant la tête de *Saint-Jean-Baptiste*, placée au centre, dans un plat auréolé.

Dans les fresques : des brûle-parfums, des scarabées et autres attributs des pays bibliques.

.˙.

**Dessus de porte :** — *La Politique.* — Assise sur un caméléon, auprès d'une mappemonde, la Politique présente le revers d'un miroir à Rubens. Au fond sont des masques et des pantins.

Dans le **plafond**, une araignée tisse sa toile symbolisant les fils de l'intrigue.

∴

## PANNEAU MURILLO

**Tableaux.**— *Saint-Joseph et l'Enfant Jésus*, de Murillo ; — La *Vierge au Rosaire* ; — *L'Enfant Jésus* et *Saint-Jean*, du même maître.

*Tête de moine* de Tristan. — *Un Doge* de l'Ecole vénitienne. — *Saint-Thomas*, ébauche. — *La Vierge cousant*, de l'Albane ; — Une reproduction de cette même *Vierge* ; — *L'Adoration des Mages*, de Rubens ; — *Deux vues de Venise*, de Canaletto ; — *L'enlèvement de Ganymède*.

Une figure de l'**Esprit** du mal est précipitée sous le portrait de la **Vierge** et de l'**Enfant Jésus**, dont le cadre est surmonté d'un pélican offrant sa chair à ses petits.

En haut la tête de *St-Jean-bouche-d'or* et un *Chef-d'œuvre de charpentier.*

Des bordures à la fresque représentent des cœurs transpercés, des couronnes d'épines, des missels et des scapulaires.

Autour de l'*Adoration des Mages :* un calice d'or, un encensoir d'argent, et les trente pièces de monnaie de Judas.

**Dessus de porte :** *Le Margrave de Beyreuth,* assis devant **la Clairon** et tenant d'une main sa flûte et de l'autre sa coupe vide. Dans le **plafond** s'envole une cornemuse.

## PANNEAU DE WAGNER

Sous le *Cygne de Parsifal*, dans un médaillon, est placé le portrait de Wagner. Près de lui, sur l'aile d'un dragon, la *Psyché* indoue.

La *Musique* éplorée s'en va, pinçant les cordes de sa lyre d'or qui vibre sous le souffle d'un petit *Éole*.

Dans un cartouche, on lit cette inscription :

En bas, la ville de *Rome*, le berceau des Arts.

Dans la bordure, des fragments de l'œuvre de Wagner.

## PLAFOND

*La Critique.*

*Les Armes de l'Italie.*

*L'Amour sacré :* — Sur les marches d'un temple, un vieux marin, vêtu d'étoffes rapportées de voyages dans l'Extrême-Orient, fait hommage à la Vierge d'un petit navire.

*L'Amour profane :* — Au seuil d'un temple antique le Génie de l'orgie païenne est assis, couronné de fleurs. Dans le ciel s'enfuit l'amour nuptial. Sur un balustre de pierre se tient le maréchal de Saxe et une femme parée.

Dans les attributs, un violon de faïence met une jolie note-claire.

*La Louange.*

*Les Armes de l'Espagne.*

Au centre : le *Triomphe de la Vérité et de la Beauté* dans un char que conduisent des coursiers.

*٭*

Telle est la galerie de Chenonceaux, — poème symbolique auquel demeurera attaché le nom d'une femme d'esprit, passionnée pour l'art, et qui aime par-dessus toutes choses, la littérature de Flaubert, la musique de Wagner et la peinture italienne.

CHARLES RICHARD.

www.ingramcontent.com/pod-product-compliance
Lightning Source LLC
Chambersburg PA
CBHW051248030726
47595CB00003B/1137